Gimnasia

Julie Murray

Abdo

DEPORTES: GUÍA PRÁCTICA

Kids

abdopublishing.com

Published by Abdo Kids, a division of ABDO, P.O. Box 398166, Minneapolis, Minnesota 55439.
Copyright © 2019 by Abdo Consulting Group, Inc. International copyrights reserved in all countries.
No part of this book may be reproduced in any form without written permission from the publisher.
Abdo Kids Junior™ is a trademark and logo of Abdo Kids.

Printed in the United States of America, North Mankato, Minnesota.

052018

092018

 THIS BOOK CONTAINS
RECYCLED MATERIALS

Spanish Translators: Telma Frumholtz, Maria Puchol

Photo Credits: Alamy, Getty Images, iStock, Shutterstock, ©Pierre-Yves Beaudouin p.22/CC BY-SA 4.0

Production Contributors: Teddy Borth, Jennie Forsberg, Grace Hansen

Design Contributors: Christina Doffing, Candice Keimig, Dorothy Toth

Library of Congress Control Number: 2018931618

Publisher's Cataloging-in-Publication Data

Names: Murray, Julie, author.

Title: Gimnasia / by Julie Murray.

Other title: Gymnastics. Spanish

Description: Minneapolis, Minnesota : Abdo Kids, 2019. | Series: Deportes: guía práctica |
    Includes online resources and index.

Identifiers: ISBN 9781532180255 (lib.bdg.) | ISBN 9781532181115 (ebook)

Subjects: LCSH: Gymnastics--Juvenile literature. | Gymnastics--Sports & Recreation--Juvenile
    literature. | Gymnastics for children--Juvenile literature. | Spanish language materials--
    Juvenile literature.

Classification: DDC 796.44--dc23

Contenido

Gimnasia

¡A Ann le encanta la gimnasia!

Está lista.

4

Las mujeres tienen 4 eventos.

Los hombres tienen 6.

Zona de mujeres

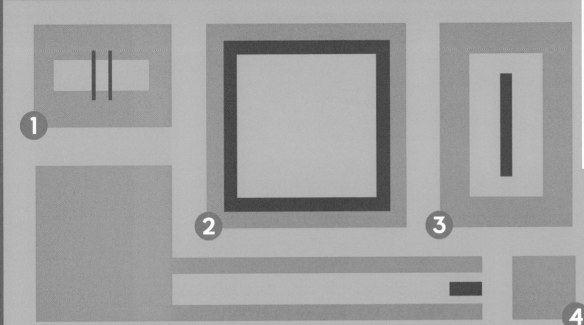

1. barras asimétricas
2. disciplina de suelo
3. barra de equilibrio
4. salto de caballo

Zona de hombres

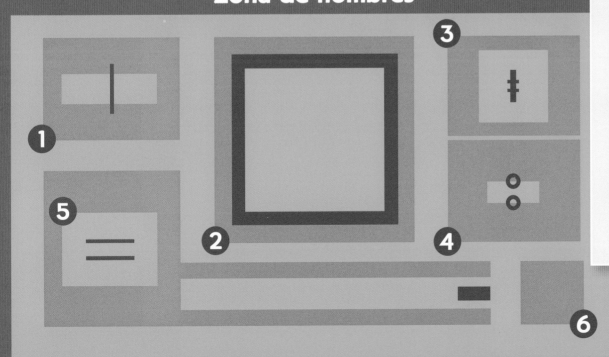

1. barra fija
2. disciplina de suelo
3. caballo con arcos
4. anillas
5. barras paralelas
6. salto de caballo

7

Los jueces califican los eventos.

¡La mejor puntuación gana!

El ejercicio de suelo dura 90 segundos. Simone está en el tapiz. ¡Recibe una puntuación alta!

A Ryan le ayuda ponerse tiza.

¡Las manos no se le resbalarán!

Nan está en el **caballo**.

Da vueltas en el aire.

Jack entrena en las anillas.

Asuka está en la barra.

Tiene buen **equilibrio**.

Beth **clava** la recepción final.

¡Consigue la medalla de oro!

Algunas disciplinas

barras asimétricas

barra fija

barras paralelas

caballo con arcos

Glosario

equilibrio
mantenerse erguido y estable.

salto de caballo
salto con carrera por encima de un caballo, normalmente terminando en un desmonte acrobático.

clavar
cuando un gimnasta cae de un salto sin mover sus pies.

Índice

Abdo Kids
ONLINE
FREE! ONLINE MULTIMEDIA RESOURCES

¡Visita nuestra página **abdokids.com** y usa este código para tener acceso a juegos, manualidades, videos y mucho más!

Código Abdo Kids:
SGK4145